AF279262

ELENA GINARD RIERA

APULEYO EDICIONES   FOMENTO DE VALORES   CUENTOS ILUSTRADOS

LA GALLINA CATALINA

VUELVE AL CORRAL

APULEYO EDICIONES   FOMENTO DE VALORES   CUENTOS ILUSTRADOS

Otros título de Elena Ginard con Apuleyo ediciones

El 10% del dinero de la compra del cuento irá destinado a

A Nieves, la mejor hermana que he podido tener y que ahora nos cuida desde el cielo.

A David, Liv y Eyra por ser el mejor de los motivos por lo que levantarme todos los días.

Había una vez, en un prado no muy lejano..., una gallinita que tenía el pico menudito, la cresta bien erguida y las plumas tan tan bonitas que era la envidia de... Espera, espera ¡que este era otro cuento!

Hoy os vengo a contar la historia de cuando nuestra gallinita preferida, Catalina, tuvo que volver a su corral.

Después de cómo se habían portado con ella las otras gallinas, Catalina ya se había hecho a vivir sola en el campo.

Bueno, sola sola..., ¡no! Siempre tenía cerca a sus mejores amigos: Leandro, el señor conejo, Beatriz, la lombriz, y la gata Blanca.

Juntos habían pasado ya muchas aventuras desde que se habían conocido ¡y qué bien se lo estaban pasando!

Tanto que, de su antiguo hogar, más no se había vuelto a acordar...

Pero un día, Catalina recibió una carta en la que ponía:

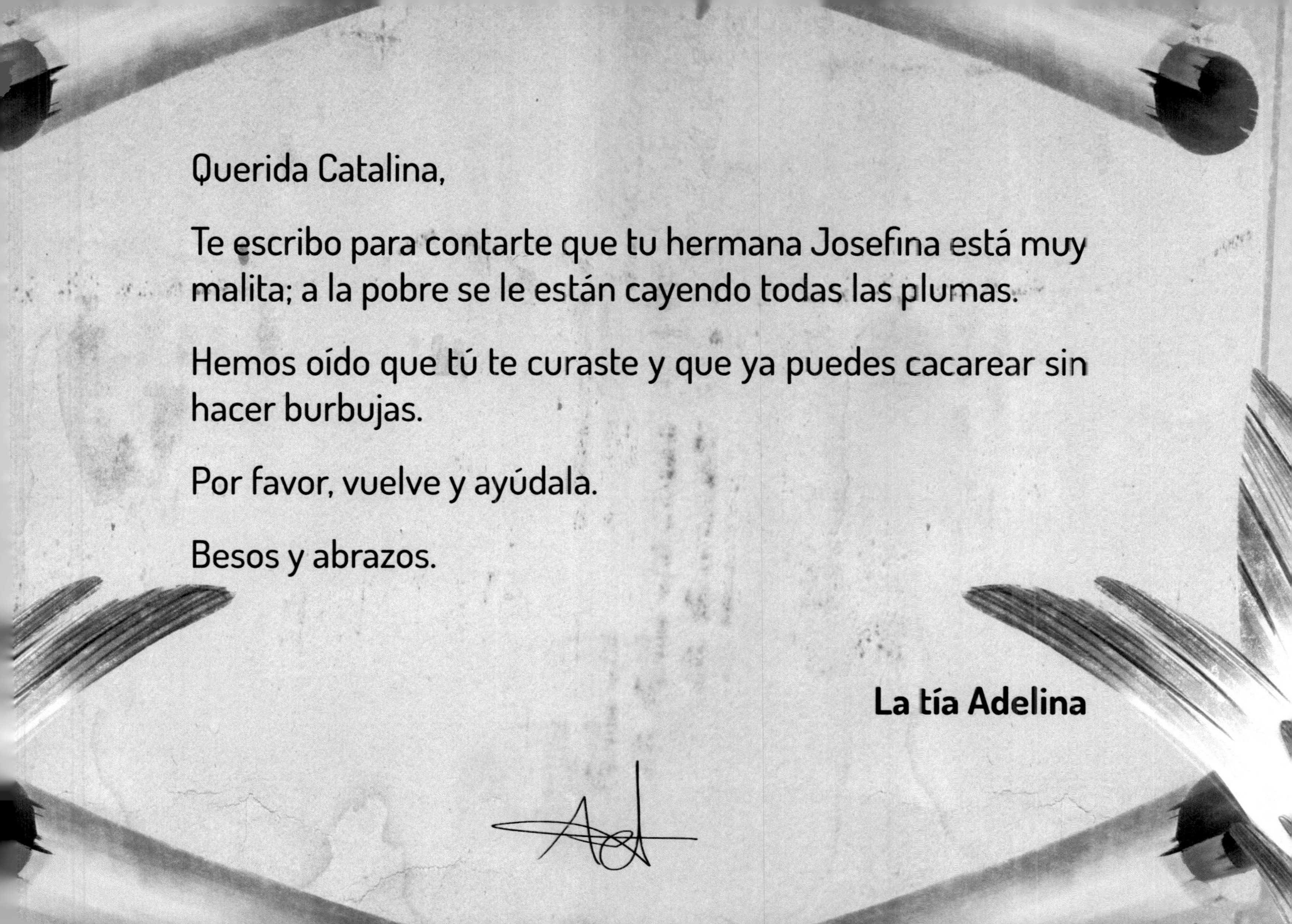

Querida Catalina,

Te escribo para contarte que tu hermana Josefina está muy malita; a la pobre se le están cayendo todas las plumas.

Hemos oído que tú te curaste y que ya puedes cacarear sin hacer burbujas.

Por favor, vuelve y ayúdala.

Besos y abrazos.

La tía Adelina

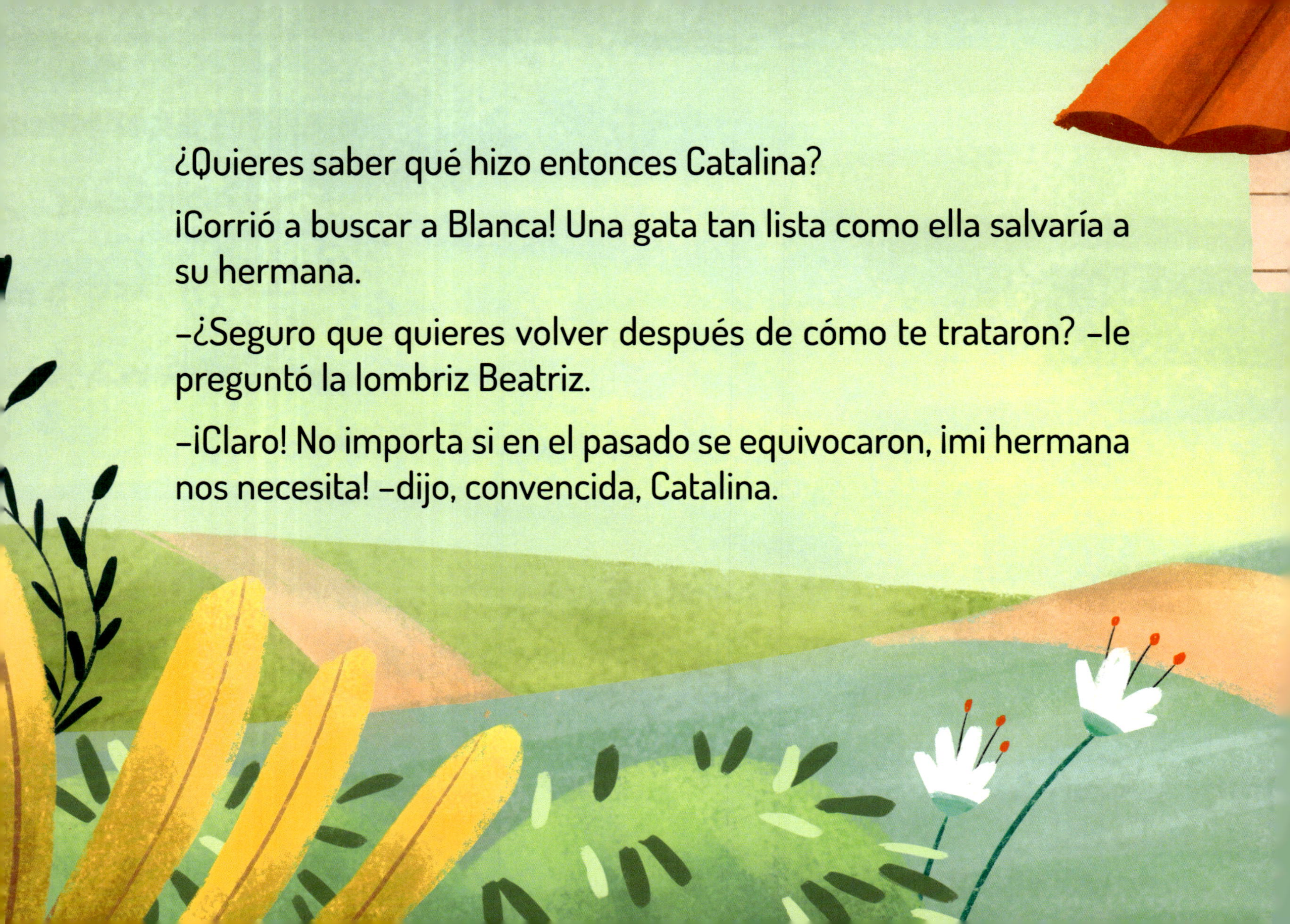

¿Quieres saber qué hizo entonces Catalina?

¡Corrió a buscar a Blanca! Una gata tan lista como ella salvaría a su hermana.

–¿Seguro que quieres volver después de cómo te trataron? –le preguntó la lombriz Beatriz.

–¡Claro! No importa si en el pasado se equivocaron, ¡mi hermana nos necesita! –dijo, convencida, Catalina.

Y así fue como Catalina, Beatriz y Leandro volvieron a hacer el camino que lleva al prado, pero, esta vez, a la inversa y acompañados por Blanca.

LA GALLINA
CATALINA

Llegaron deprisa a aquel corral con la esperanza de encontrar una cura para Josefina. La pobre lo estaba pasando muy mal...

Sin embargo, las otras gallinas habían aprendido la lección.

–¡Sentimos mucho que te marcharas, Catalina! –le dijeron tan solo verla.

–Nunca más volveremos a reírnos de nadie.

–¡Te hemos echado mucho de menos!

Así, todas las gallinas se prestaron a buscar los ingredientes que necesitó Blanca para preparar un ungüento.

–Tendrás que llevarlo un tiempo y no será cómodo, pero te aseguro que pronto nos reiremos juntos de todo esto –le contó Blanca a Josefina.

Pasaron muchos meses, algunos de ellos bastante duros, en los que Josefina estuvo asustada, cansada y triste de verse tan enferma... Pero, ¿sabéis que?

Esta vez, tanto Catalina como las otras gallinas estuvieron siempre a su lado para acompañarla, hasta que llegó el día en que Josefina, por fin, estuvo recuperada y sus plumas volvieron a crecer con fuer-za; gracias al ungüento de Blanca, al cariño de Catalina y a que en todo momento tuvo el apoyo de toda su familia.

Y hasta aquí, la historia de cuando nuestra amiga Catalina volvió a su corral para darnos a todos una lección de amor y bondad. Lo de ser vanidosa ya quedaba muy atrás.

APULEYO
EDICIONES